MW01622117

Dominique Roques

Alexis Dormal

# PICO BOGUE

# LA VIE ET MOI

DARGAUD

Paris · Barcelone · Bruxelles · Lausanne · Londres · Montréal · New York · Stuttgart · La Hulpe

DÉJÀ PARUS :

**LA VIE ET MOI**
TOME 1

**SITUATIONS CRITIQUES**
TOME 2

www. dargaud. com



PREMIÈRE ÉDITION EN 2008
Conception graphique : Philippe Ravon
Imprimé sur un papier issu de forêts gérées durablement.

Dépôt légal : Juin 2009 • ISBN 978-2205-06074-4
Imprimé en France par PPO GRAPHIC, 91120 PALAISEAU

## Jardinage

Papa, y a un hortensia qui est mort. Tu me donnes combien pour l'enlever ?
Rien du tout, Pico. Moi, dans le jardin, je travaille gratos.

Fais comme moi !

Roques & Dormal

## Bus

Snif! Je veux retourner me noyer dans le ventre de ma mère !
Oh... pourquoi ?
BUS SCOLAIRE

Fred a dit qu'il ne m'aimait plus !
Alors au lieu de te noyer dans le ventre de ta mère, noie-toi dans la mer, tu y trouveras plus facilement un beau mec pour te faire du bouche-à-bouche.

Wouahahihi !

Quand on quittera une fille, faudra lui raconter ça. Ça la fera rire.
Roques & Dormal

## Érudition

Alors? Ces affluents, Pico? Tu n'as pas appris ta leçon?

Si. J'ai tous les mots dans le cerveau mais ils ne veulent pas sortir.

Il y a une expression qui dit bien ça... ...heuuuu...

Et voilà! J'ai aussi oublié l'expression! Les mots me lâchent! Les traîtres!
Les affluents, Pico.

Ah! Du coup, ça me revient!
Enfin!

"Ne pas pouvoir dire un traître mot."

Roques & Dormal

## Une sœur

Voilà ta sœur... Tu t'entends bien avec elle?
Devine...

Avant sa naissance, j'étais fils unique! Tu sais ce que ça veut dire, fils unique? Que mes parents m'adoraient comme un dieu!

Et tout d'un coup...
Salut les Tarzans!

...ils m'ont donné une sœur vraiment unique.

Roques & Dormal

## Jus d'orange

cling!

Tu me fais penser à un animal figé au milieu de la route quand une voiture lui fonce dessus.

Et comme tu as de bons réflexes, tu vas écraser la pédale de frein plutôt que le petit lapin assoiffé.

Roques & Dormal

## Tunnel

Ana Ana, viens te laver les mains! On va passer à table!
Oui, j'arrive! Je construis un tunnel pour mon train.

Alors! Tu viens?
Oui, j'arrive!

Ana Ana, tu sais qu'il y a eu plus de quatre-vingts milliards d'hommes sur Terre avant nous...

...Je me demande quelle concentration de cadavres ça fait dans la terre...

Roques & Dormal

Bolognaise

Pico Bogue, tu manges comme un cochon!
Avec cet instrument décadent, c'est normal. On mange plus facilement avec les mains. Je vais vous montrer...
Pico!
Avec la fourchette, on garde les mains propres.
Oui mais autrefois, on s'essuyait les mains sur les cheveux des souillons.
Arrête!
Quoi? Tu préfères que je reste sale?
Ou alors tu veux que je sois mon propre souillon?!
Si c'est pas une régression, ça!
Ton féminisme est une entrave à ma propreté!
Exactement!
Roques & Dormal

## Vocation

Qu'est-ce que tu aimerais faire, plus tard ?
Bon génie, comme celui de la lampe d'Aladin.
C'est pas un métier!
Si! J'exaucerais les vœux de tous les gens pour les rendre heureux...
...et je serais fier de voir la lumière dans leurs yeux monter... monter... monter...
Alors mon premier vœu serait que tu viennes me réciter tes leçons.
Il n'a pas envie de voir la lumière dans tes yeux baisser... baisser... baisser...
Roques & Dormal

## Soir

Au lit, Pico.
Une minute. J'ai trop lu. Je suis en train de vider ma tête.
Tu l'as assez vidée. Elle est dans le rouge, comme mon compte en banque. Allez! File au lit!
Qu'est-ce que tu fais quand ton compte en banque est dans le rouge?
Je vais dormir.
Menteur!
Tu vas raconter des histoires à ton banquier pour l'endormir.
Raconte-moi une histoire qui m'endormira!
Roques & Dormal

L'abîme

Pile, je saute. Face, je saute pas.
T'es fou ?!? Moi je le ferais pas.

Pile.
Faut que tu sautes.

Admirez mon courage! Il y avait un risque que je me paie la honte de ne pas assumer!

Eh ben j'ai pris ce risque!

Roques & Dormal

## Les filles

Qu'est-ce que tu penses du mystère de la femme ?
Pff ! C'est que de la poudre aux yeux.
Oh... y a pas que le maquillage des yeux. Ma maman dit qu'il faut prendre un air...
Ta mère, c'est dans le nez qu'elle se la met, la poudre.
Roques & Dormal

## Sciences Nat'

Et c'est pour ça que la moule est un mollusque et pas le ver de terre.

Pour une fois, tu as fait un travail magnifique, Pico ! Bravo ! On t'applaudit !

clap clap clap clap clap clap clap clap clap clap clap clap clap clap clap clap clap clap clap clap clap clap clap clap clap

D'après Andy Warhol, chacun a droit à son quart d'heure de célébrité dans la vie.

Merci de gaspiller le mien pour ça.

Roques & Dormal

Jouet 1

Oh maman! Tu m'achètes un ours?
Non Pico. Tu es trop grand.
Roques & Dormal

Jouet 2

Pico, tu m'énerves!
Tu me l'achètes?
Non!
Oh! là, là! Garde-le ton sacré argent.
L'argent n'est pas sacré.
Ha! Pourtant on en a sacrément besoin. Et on passe sacrément de temps à en gagner.
Et c'est sacrément mal vu de demander à quelqu'un combien il en gagne.
C'est tabou.
O.K.! T'aboules le fric si tu veux pas être massacrée!
Roques & Dormal

Jouet 3

Maman ! J'en ai vraiment envie !
Tant mieux ! Si tu n'avais plus envie de rien, ce serait triste...

... Il faut toujours garder certaines envies intactes au fond de soi... Elles rendent la vie magique.

J'ai envie de voler cet ours ! Mais voler, c'est pas une belle envie à garder au fond de moi. Donc je prends cet ours.

Pico !
Quoi ?

Je voudrais bien que tu m'obéisses !

C'est une belle envie ! Il faut que tu la gardes intacte au fond de toi. Elle rendra ta vie magique.

Roques & Dormal

Espoir

Et ces biscuits ?
Non.

Maman !
N'espère plus rien.

C'est nul de dire : "N'espère plus rien !" Regarde ! Même les vaches espèrent quelque chose !

Elles avancent vers l'herbe plus verte ! Elles prospèrent sans entrave !

Roques & Dormal

## L'aube

Pico! J'ai perdu une dent! La petite souris va m'apporter une pièce!
La petite souris n'existe pas, Ana Ana.
Chère Ana Ana,
Evidemment, Pico a raison.
Je n'existe pas.
Mais il y a des miracles.
La petite souris.
Roques & Dormal

Chez Bobby

Je vois que tu fais du vélo, c'est bien, Pico! Et tu fais un autre sport, aussi?
Non.
C'est moins bien. Quarante centimes, s'il te plaît.
Voilà.
C'est maintenant, à ton âge, qu'il faut te muscler, Pico. Le sport forme la jeunesse!
Et puis il y a un tel esprit de compétition dans le monde qu'il est très important de se muscler.
Du muscle partout, Pico! Corps et esprit! Du muscle, du muscle, du muscle!
Tu vends des bonbons ou des anabolisants?
Roques & Dormal

## Une décision

J'ai décidé d'être immortelle.
Tu n'as pas peur que ce soit insupportable, à la longue ?
Pas si je suis tout le temps heureuse.
Tu serais heureuse de voir tout le monde mourir autour de toi ?
Ah non… ben… alors on sera tous immortels.
Mais si plus personne ne meurt, il y aura trop de gens sur Terre, on ne pourra pas être heureux.
Y aura pas trop de gens parce qu'on ne fera plus d'enfants.
Il n'y aura que des grandes personnes ?
Non. Les derniers enfants resteront enfants pour toujours.
Tu accepterais de rester enfant pour toujours, toi ?
Ben… est-ce que je continuerai d'aller à l'école ?
Oui.
Mais un jour, je saurai tout sur tout ?
Ah oui.
Alors l'école pourra fermer ?
Hmm, hmm…
Et moi je me la coulerai douce tandis que les parents continueront à travailler pour nourrir leurs enfants ?!!
J'ai vraiment décidé d'être immortelle !
Roques & Dormal

## Tache

J'ai envie de faire des taches sur ton tee-shirt.
T'as un bug ou quoi ?
Pourquoi un bug ? Tu me prends pour un ordinateur, programmé pour être sage ?
Exactement.
Eh ben non ! Je suis un être humain ! J'ai un libre arbitre, moi !
Non ! T'es un ordinateur qui a buggé.
Hi ! Hi ! C'est de l'encre magique effaçable ! C'était une blague !
Je vais effacer ton disque dur et reconfigurer tout ton humour à la récré.
Roques & Dormal

## Une sœur 2

Voilà ta sœur... Tu t'entends bien avec elle ?
Oui. On s'entend bien.
Seulement voilà, comme je le disais déjà à Charlie, quand j'étais fils unique, j'étais adoré comme un dieu...
Et ça, ça me manque.
Vous voulez des abricots secs ?
Mais bon, sinon ça va.
Roques & Dormal

## Une poupée

Je vais t'apprendre les bonnes manières, moi !
PAF!
Je sais dompter les récalcitrantes !
Tu caricatures qui, comme ça, Ana Ana ?
Mamounette ! Tu ne reconnais pas ta jupe et tes chaussures ?
Si, mais je n'ai pas besoin de donner des coups de pied pour éduquer mes enfants.
PAF! PAF!
Tu as entendu cette dame ? Elle a la chance d'avoir des enfants adorables, elle !

Roques & Dormal

## Les mères

Tu es complexée de ne pas gagner de l'argent ?
À la sortie de l'école, il y avait les mamans de Charlie et de Barnabé qui bavardaient et la maman de Charlie a dit que si elle ne travaillait pas, elle se sentirait parasite.
Et la maman de Barnabé a dit que si elle restait à la maison, elle se sentirait grosse vache.
Et elles m'ont demandé pour toi.
Qu'est-ce que tu leur as dit ?
Que, probablement, tu te sentais comme le parasite d'une grosse vache !
J'ai même dit d'une grosse vache "folle" ! Je les ai bien fait rire !
Roques & Dormal

## Expérience

Qu'est-ce que tu fais ?
Je fais tourner une fourmi à 1100 km/h, comme nous sur la Terre, pour voir quel effet ça lui fait.
Mais évidemment, c'est pas LA méthode scientifique.
Où elle est ? Je l'avais mise dans le "o" d' "OCÉAN".
Bon... ben... déjà que j'y croyais qu'à moitié...
Elle est à moitié ici.
Et à moitié là.
Roques & Dormal

## Famille

Je suis la reine des frites !
Arrêtez de crier !
Et moi le roi de la saucisse !
Vous savez qu'autrefois, les enfants ne pouvaient même pas parler à table ?
D'ailleurs, étymologiquement, "enfant" veut dire : "non-parlant."
Le "en-" de "enfant" vient du latin "in" qui veut dire "ne pas".
Et "-fant" vient de ... heuuu... "fari" ! ... "parler."
Et "je t'aime" ça vient du cœur.
Roques & Dormal

La grasse matinée

Debout ! Il est tard !

Du calme !...
On n'est que des petits papillons !

Un seul battement d'aile de papillon peut déclencher un cyclone de l'autre côté de la Terre !
Alors on plane comme des avions !

Le kérosène des avions est très polluant !

Y a trop d'horreurs. On est morts.
Parfait.

Et on devient des anges.

Et on monte au ciel !

Roques & Dormal

Un cadeau

NEMA
On se fait un cinoche!

Je te l'offre pour ton anniversaire.
Merci.

Ah non. J'ai pas d'argent.

Eh ben, d'avoir voulu être généreux alors que je suis pauvre, je me sens comme un saint.

Tu as déjà eu cette sensation, toi?

On va voir...

Attends! Je sous-entendais pas que tu devais regarder maintenant... là...

Ça rime à rien ce que tu fais. Pour que tu te sentes saint, il aurait fallu que l'idée vienne de toi.

Moi j'ai de l'argent. Je t'offre le cinoche.
Non!

Tu vas croire que j'ai fait toute une mise en scène pour que tu me paies le cinoche.
Mais non!

Tu te sentiras saint un autre jour. Range ton fric.
Ça va pas, non? Moi je veux juste voir ce film.

Moi je veux pas!
Mais pourquoi tu veux pas?

L'idée que tu penses que je t'ai monté un coup, ça va me gâcher le film!

Mais je ne pense pas ça, moi!
Moi si!

Moi pas!
Moi si!

Eh bé, d'avoir envie de te fiche une baffe et de me retenir, je me sens comme un saint!

Roques & Dormal

## Une rédaction

Barnabé et Pico, vous m'avez rendu une rédaction absolument identique.
La rédaction de Barnabé est une oeuvre tellement bien que je l'ai copiée, madame...

...comme ma cousine qui apprend la peinture en copiant les œuvres des grands maîtres...

...et pour qu'on ne la prenne pas pour une faussaire, elle est obligée de peindre en plus grand ou en plus petit que l'original...

Comme j'ai fait.

Roques & Dormal

Du pain

Tranché ?
Oui, s'il vous plaît.

"Trancher", étymologiquement, ça veut dire "couper en trois".

Eh bé ! Ils ne seraient pas contents, les clients, si je leur coupais le pain seulement en trois !
tac tac tac tac tac

tac tac tac
On coupait les gens en trois à la guerre des "tranchées" ?

tac tac tac tac tac tac
Non. À mon avis, c'était comme pour le pain.

Roques & Dormal

Le défi

Je suis sûr que vous pourriez pas rester cinq minutes là-bas dans le noir.
Si! On peut! On essaie et on se chronomètre.
On n'a pas de montre mais je peux vous chronométrer avec mon pouls. On dirait qu'une pulsation c'est une seconde.
Bon. J'y vais.
Alors?
Trois cent trois secondes.
À moi.

Deux cent soixante-neuf secondes.
Battu !

Mon œil ! J'ai compté mes pulsations moi aussi. Il y en avait trois cent quatre !
Arrête ! C'est la trouille du noir qui t'a accéléré le pouls !

Oui. J'avais peur.

Mais ma peur est une peur ancestrale qui date du temps où le tigre à dents de sabre rôdait... une peur fossilisée dans chaque cellule de mon corps...

...une peur dont la lignée remonte à l'aube de l'humanité... une peur noble et fabuleuse... et je vous plains de ne pas connaître ça.
Je veux bien connaître ça, moi !

On y retourne et on compte nos pulsations !

Aaaa!!!...

Neuf cent mille neuf.
Un million.
Un milliard trois cent huit mille.

Roques & Dormal

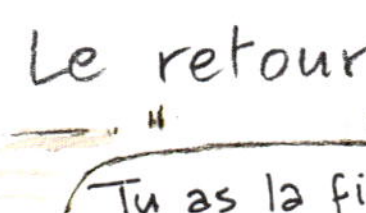
Le retour

Tu as la figure toute sale, Pico.

C'est pas sale, maman. C'est des mûres.

Et ton tee-shirt, il n'est pas sale?

Non, il est pas sale. C'est de la terre.

Et le cambouis sur ton pantalon?

C'est pas sale. C'est composé de trucs qui viennent de la nature.

Mais qu'est-ce que ça veut dire, pour toi, "sale"?

Au sens propre, rien.

Roques & Dormal

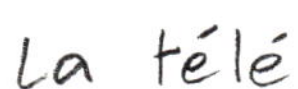
La télé

Pousse-toi! T'es devant la télé!

Oui, il faudrait que je me pousse, mais... je me sens écartelé...

... entre mon esprit de contradiction...

... ma bonne volonté...

... une pulsion incontrôlable...

... et un besoin de chaos.

Roques & Dormal

## Dopage

CAMEMBERT

Roques & Dormal

## La télé 2

Vous restez devant la télé alors qu'il fait si beau dehors ?
Attention. Bouge pas.

Eh bé... On dirait deux épaves.

Wouhou !

Tu vois, c'est comme avec les guêpes. Faut pas bouger.
Roques & Dormal

Père et fils

LOTO
Et si tu jouais au Loto?
Non.

Tu as raison. Imagine qu'on gagne et que je devienne un gosse de riche blasé qui se drogue.

J'errerais dans les rues de dealer en dealer.

C'est une blague! Tu dois jouer! Imagine que tu ne joues pas et qu'on devienne pauvre...

...j'errerais dans les rues pour mendier.

Si je comprends bien, je dois jouer, gagner, mais te donner le moins possible d'argent de poche.

Non! Parce que alors j'errerais dans les rues en clamant que t'es radin.

De toute façon, je ne jouerai pas parce que je n'aime pas jouer.

Ben moi, de toute façon, j'errerai parce que j'aime errer.

Roques & Dormal

## Mère et fille

Essuie-toi la bouche, Ana Ana !

Et regarde tes mains ! Pourquoi tu ne tiens pas ton chocolat avec du papier ?

Parce que je préfère le chocolat quand il est fondu sur les doigts.

Tu ne comprends rien à la volupté.

Roques & Dormal

## Sommets

Est-ce que tu envies les gens qui arrivent au sommet d'une montagne ?
Non.

Tu as raison. Un sommet, ça mène nulle part.

Il vaut mieux se fatiguer à découvrir un col au milieu d'une montagne. Un col au milieu d'une montagne, ça permet d'avancer... c'est la voie du juste milieu.

Comme un 10 sur 20 en maths.

Roques & Dormal

La barre fixe

Roques & Dormal

## Barnabé

Ça va, Barnabé?
Je pensais à mon corps.

C'est génial, un corps. Rien que la main, c'est dingue!

Et marcher! Marcher c'est extraordinaire! Mettre un pied devant l'autre...

Et les yeux! Et les oreilles! Et toute la machinerie interne! C'est incroyable, hein?

Oui... et alors?

Je me sens pas à la hauteur.

Roques & Dormal

## Transport

Je vais vous rendre la rédaction dont le sujet était "votre moyen de transport préféré".

Pico a eu l'idée d'un transport très... charmant.

Alors?
Neuf sur dix...

...et les ricanements de toute la classe quand ils ont appris "mon" transport préféré.

Neuf sur dix! Je suis doué!

Mais j'avoue que c'est toi qui m'as donné l'idée.

Tu te souviens quand je t'ai proposé de pondre cette rédac? Tu t'es jeté dans mes bras en criant: "Papic, je t'aime."

Alors j'ai pensé qu'être transporté par l'amour c'est ce qu'il y a de mieux.

Roques & Dormal

Papic

Salut mec !

Mamite ! Pourquoi Papic boude ?
Parce que tu l'as appelé "mec".

Monsieur regrette que le fait d'être le patriarche n'ait pas le même prestige qu'autrefois.

Il voudrait qu'on lui parle avec révérence.
Je vais l'engueuler.

Dis ! T'arrêtes de jouer les vieillards en détresse.

Autrefois, les patriarches avaient du prestige parce qu'ils avaient guerroyé et le roi les avait anoblis.

Ou bien ils étaient partis à l'aventure et étaient revenus avec des fortunes.

Tandis que toi, t'as rien fait d'important.

Et c'est là que ça devient extraordinaire !

On t'aime comme ça. Tout ordinaire. Tout flapi.

Alors pourquoi tu boudes ?

Roques & Dormal

## L'horloge

Dong...
Tu entends ? L'homme a donné la parole à une chose...
... dong...
... l'horloge !
... dong...
... dong.
Qu'est-ce que tu racontes ?? Faire "dong", c'est pas parler !
Quelle heure a-t-elle dite ?
Quatre heures.
Roques & Dormal

## Dîner

À quoi... cette peau de saucisse...

... te fait penser ?

Allez ! Tout le monde a ça en tête !

À un boyau ?

À une capote !

Mais y a un nœud au bout !

C'est pour que les gens n'oublient pas de la mettre.

Roques & Dormal

## Chasse au trésor

Papa, on cherche un trésor juste là où tu es ! Si tu te pousses, tu auras la moitié du trésor !
On va dynamiter la maison, papa !
Vous allez dynamiter ma maison ?!
Vous connaissez la fable de la Fontaine, monsieur ? Le laboureur dit à ses enfants que, pour trouver un trésor, il faut remuer son champ.
Mais comme on est à l'ère urbaine, c'est la maison qu'on va remuer.
Je ne suis qu'à moitié convaincu.
Ça suffira puisque l'autre moitié du trésor est pour nous.
Ça y est ! C'est prêt !
J'aurais quand même préféré qu'on ne démolisse pas ma maison pour trouver ce trésor !
On ne peut pas tout avoir, le beurre et l'argent du beurre !
Quel lieu commun ! C'est lamentable !
Cette maison est notre lieu commun à tous les deux. Donc elle est lamentable, donc je peux la faire péter.
Trois... deux... un... zéro !

Boum !
Des biscuits !
C'est toi qui as imaginé tout ça, Pico ?
Oui.
Génial !
Tu ne viens pas ?
Je me sens un peu étranger à vous.
Comme si j'étais le cerveau et vous le tube digestif.
Roques & Dormal

Nocturne

Maman! J'ai vu une étoile filante!
Fais un voeu, Ana Ana!

C'est imprudent de me dire ça. Tu ne sais pas de quoi j'ai envie.

Je suis sûre que ma moumouche ne souhaite que de belles choses.

J'ai horreur d'être si prévisible!

Roques & Dormal

## Les droits

J'avais dit: "Pas de biscuits avant quatre heures."
Je te rappelle qu'hier on a écouté une émission sur les droits des enfants.
..."L'enfant a le droit de cacher, de se taire, de réclamer, de se tromper et de résister."
Je n'essaie même pas de profiter de ces droits.
Je ne cache rien.
Je ne me tais pas.
Je ne réclame rien puisque je me sers tout seul.
Je ne me trompe pas: les biscuits sont trop bons.
cronch
...Et je n'y résiste pas.
Roques & Dormal

## Lecture

Je vais vous lire "La Petite Fille aux allumettes," d'Andersen. C'est un conte très très triste.
Chouette, on va rire.
Très très triste, j'ai dit.
Je sais. Vas-y.
Roques & Dormal

## Petit déjeuner

driiiiiiiiing
Je vais porter plainte pour harcèlement capillaire.
Roques & Dormal

## Des guerriers

Regardez l'horreur ! J'espère qu'on n'aura pas de guerre, nous !
Mon grand-père dit qu'on peut en terminer avec la guerre, mais pas avec les guerriers...
...parce qu'on est guerriers dans l'âme.
Je suis pas guerrier.
Moi non plus mais Charlie un peu.
Je suis pas guerrier mais j'aime pas qu'on me casse les couilles.
Moi non plus.
Moi non plus.
Mais moi je trouve ça drôle de vous les casser.
Roques & Dormal

## Timidité

Il est trop mignon, Hugues. Et si mystérieux... ça m'intimide.
Imagine-le faisant un prout. Ça t'intimidera moins.
Berk !
Quoi ? Tu fais des prouts, toi aussi.
Comme lui.
Nous avons quelque chose en commun.
À son tour de me trouver mystérieuse !
Roques & Dormal

## Questionnement

Maman, on dit que Dieu est tout-puissant, donc il peut tout...
...pourtant Dieu ne peut pas être moi.
Il y a des gens qui diront que si. Que Dieu est tout.
Ah oui ? Il y a des gens qui pensent que Dieu est moi ?
Donc ils pensent que moi est Dieu ?
C'est génial. Ils sont où, ces gens ?
Roques & Dormal

## Statistique

Écoute ça : "Dans notre pays, le couple fait un enfant virgule neuf."

Le un, c'est moi. Le zéro virgule neuf, c'est toi.

Aïe ! Aïe ! T'es inachevée !

Moi, il me semble que c'est toi qui es inachevé si tu n'as pas ta petite virgule entre les jambes.

Roques & Dormal

## Télé 3

Pico, éteins la télé, il n'y a rien !

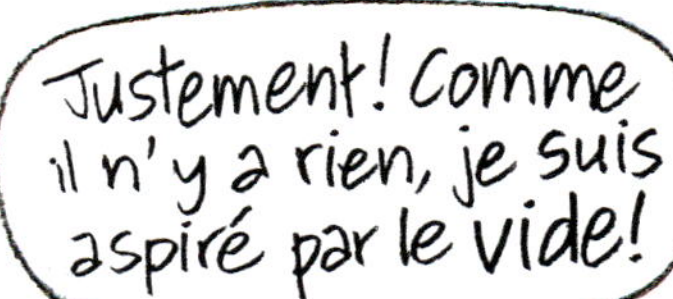
Justement ! Comme il n'y a rien, je suis aspiré par le vide !

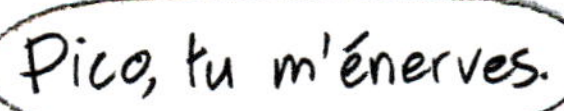
Pico, tu m'énerves.

clic

Maintenant je suis aspiré par ton vide d'amour.

Roques & Dormal

# Un tour en vélo

Je vais faire un tour en vélo, maman !
Ne passe pas par la rue de Létan !

Pourquoi ?
Elle est déserte. Tu risques d'y faire de mauvaises rencontres.

Si c'est désert, je risque pas d'y faire de rencontres du tout.
Je te demande quand même de ne pas passer par cette rue.

Mais c'est pas logique, s'il n'y a personne...
Oh ! Tu veux toujours avoir raison. C'est fatigant à la fin.

Toi aussi, là, tu veux avoir raison !
Ça suffit ! Je te demande de ne pas passer par cette rue, s'il te plaît !

Pourquoi tu dis s'il te plaît alors que tu sais très bien que ça ne me plaît pas ?
Pico, tu as parfaitement compris ce que je veux dire depuis le début de cette conversation !

Bien sûr, j'ai compris. Avec moi, il n'y a pas de problème...

...mais si tu parles comme ça avec les autres, ça va être la catastrophe dans tes rapports humains.

Roques & Dormal

## Démographie

Vous réalisez qu'on est né parce que nos deux parents ont fait l'amour ?

Et nos deux parents sont nés de nos quatre grands-parents.

... Et nos quatre grands-parents sont nés de nos huit arrière-grands-parents qui sont nés de nos seize arrière-arrière-grands-parents qui sont nés de ...
Ça va. J'ai compris.

Plus on remonte dans le temps, plus ça nous fait d'ancêtres.

Pourtant, au départ, il y avait moins de gens sur Terre que maintenant.

Roques & Dormal

## Chez Bobby

Tu as déjà fait une course à vélo, Pico ?
Tu vas pas encore me parler de sport ?!

Oui... c'est vrai que tu n'aimes pas trop parler de compétition et tout ça...
Oui.

Je parie que c'est l'entraînement pour les courses qui te fait peur. C'est vrai que ça tient de la torture... Se lever tôt, etc. Tu connais le supplice du pal ? Tu enlèves la selle pour t'obliger à pédaler debout, en danseuse... Je l'ai fait autrefois, et quand je me rasseyais étourdiment sur la tige... Ouh là là...

Pourquoi ouh là là ?
Tu as très bien compris.

Tu veux dire que tu t'es fait mal au trou du cul ?
Ça va. Ça va. Je ne parlerai plus de sport.

Roques & Dormal

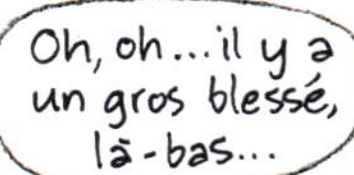
L'infirmière

Oh, oh... il y a un gros blessé, là-bas...

Je vais lui mettre du Mercurochrome !

Ne bouge pas !
Ça va pas, la tête ?!

En garde !
Arrête !

Si tu me touches, je te fiche une baffe !

Mais enfin ! Qu'est-ce qui te prend ? C'est pour rire !
Mon œil !

Quoi ?? Tu crois vraiment que je veux te mettre du rouge sur la figure et te rendre ridicule pendant une semaine et me fiche de toi ?
Oui !

C'est horrible ! Ça veut dire que tu ne sais pas qui je suis vraiment !

Si ! Toi et Ana Ana, vous ne pensez qu'à embêter les autres !

Je suis exactement le contraire de ce que tu dis !

Je suis l'opposé de quelqu'un qui embête les autres !

C'est la dernière fois que je prouve à un garçon que je suis une fille bien !
Ça part pas.

Roques & Dormal

## Beauté

Miroir, joli miroir, qui est la plus belle?... Comment ça, c'est toi le plus beau??...
...Je t'ai dit que tu es un joli miroir parce que c'est la formule, mais c'est l'être humain qui est beau...
...et puis c'est l'être humain qui t'a inventé tandis que toi, tu n'as rien inventé du tout.
Eh oui. Pas de miracle. Le miroir n'a pas inventé ce nez en patate.
Roques & Dormal

## Le sport

Pico! Attrape!
J'ai pas envie.
Allez! Pour me faire plaisir!
Bon, mais on expédie ça en cinq sec.
Heûu!... J'arrête!
Allez! Encore un peu!
Ah! Tu vois que tu aimes ça!
Non!
C'est seulement que le sport agit comme une drogue.
Mais c'est une bonne drogue.
Ben ça dépend pour qui.
Roques & Dormal

## Les poils

Moi j'aime bien les jambes de papa. On dirait des peluches...
...Pourquoi tu t'enlèves les poils, maman ?
Parce que les jambes des femmes sont plus belles sans poils.
Mais qui a décrété ça??
Pourquoi tu ne te révoltes pas?
Tu es arrivée trop tôt dans l'histoire de l'humanité, maman. Un jour, les poils de la femme ne seront plus inférieurs à ceux des hommes.
Et ça commencera avec moi.
Roques & Dormal

La côte

Houuu... attends... je souffle un peu... haaaaaaa.....
...je deviens vieux.
Mais non, t'es pas vieux, papic !
Eh bien attends de voir dans quel état je serai au sommet de cette côte !
Ha! Ha! Tu seras très bien !
Roques & Dormal

## L'autre côté

Tu me donnes ta tarte aux fraises si je traverse la mer jusque de l'autre côté ?
D'accord. Je risque rien.
Et voilà !
T'as plongé, c'est tout.
Y a des gens qui traversent la mer en nageant. Mais ils ne font que glisser dessus horizontalement.
Moi je traverse vraiment la mer... verticalement, de haut en bas, dans son épaisseur.
Alors au lieu de te glisser ma tarte horizontalement, comme ça...
...je vais la faire passer à la verticale, de haut en bas.
Sois patient. La traversée dans l'épaisseur prendra un peu plus de temps.
Roques & Dormal

## Mamite

Mamite, reviens! J'ai appelé l'ascenseur!
Je préfère aller à pied.
Jusqu'au cinquième, avec les sacs?!?
Oui. J'ai horreur d'être enfermée dans un ascenseur.
Mais alors tu ne prends jamais cet ascenseur?!
Tout le monde prend l'ascenseur, mamite! Tu devrais te soigner!
Si j'ai envie de garder mes phobies, c'est mon droit. Et si je ne corresponds pas aux normes actuelles, tant mieux! À bas les normes!
En plus, aller à pied, ça m'aide à rester mince. C'est pas magnifique?
Si!
Selon les normes actuelles.
Roques & Dormal

## Sport 2

Bravo Pico! Tu t'es bien amélioré!
Bof! J'ai pas l'impression de m'être amélioré, moi.
PAF!
Ça va ???
Tu as mal??
Tu peux respirer?
Heûa...
...ça va!
Tu es sûr?
Oui.
Il est mignon.
Là, j'ai nettement l'impression de m'être amélioré.
Roques & Dormal

Victoire

J'ai gagné !
C'est pas vrai !

J'ai gagné !
C'est moi qui ai gagné mais ça te fait mal d'admettre la réalité !

MA réalité à moi c'est de m'amuser à faire semblant d'avoir gagné.

Bon, mais la VÉRITÉ, c'est que c'est moi qui ai gagné.
La vérité, c'est peut-être que je t'ai laissée gagner.

...Ou que tu as TRICHÉ.

T'as triché ?

En réalité, t'as triché !
Ma réalité te dit p'têt ben qu'oui, p'têt ben qu'non.

Ma réalité fait semblant de te fiche un gnon !

Ma réalité fait semblant de te le rendre !

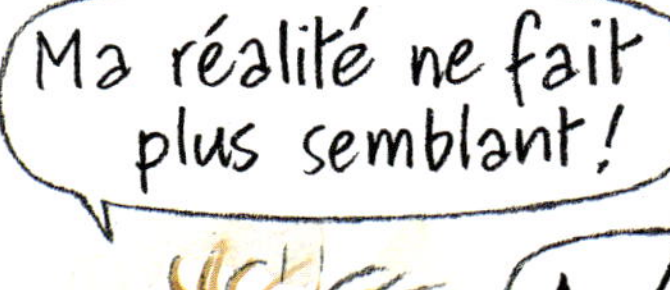
Ma réalité ne fait plus semblant !

Arrête !

J'ai pas triché !
Alors j'ai vraiment perdu.

En réalité, j'ai perdu !
En réalité, tu me gaves.
Roques & Dormal

## Le manège

Coucou !!
Coucou !
J'ai l'impression que ce manège est le symbole de la vie...
...les enfants démarrent devant nous, qui sommes les parents, et puis ils s'éloignent...
...plus tard, ils reviennent nous voir...
Coucou !
Coucou !
...et puis ils repartent à nouveau...
...ils passeront encore et encore... enfin je l'espère.
C'est débile, tourner en rond, comme ça.
Qu'est-ce que j'aimerais que ça se détache et qu'on s'envole, loin, loin...
Roques & Dormal

## Une décision 2

&
cling cling
cling
cling
Je vais en ville.
Toute seule ? Certainement pas.
Je peux mener ma vie, non ?
C'est encore moi qui décide, Ana Ana.
Je suis une décideuse, moi aussi !
Mais moi, j'ai quelques années d'ancienneté. Je suis la patronne.
Maintenant, il y a aussi de très très jeunes patronnes !
Être patron, ça veut dire prendre sur soi toutes les responsabilités. C'est très lourd !
Boum !
Pas si je vais les changer contre une carte de crédit.
Roques & Dormal

Cerise

Oh! Plus qu'une cerise... Elle est trop petite pour qu'on la partage, non?

Normalement, je devrais la prendre parce que j'ai plus de muscles à nourrir que toi... mais je dois le prouver! On va faire un bras de fer!

Pas la peine.

Le cœur est un muscle aussi.

Et là, je suis plus musclée que toi.

Je vais te le prouver.

J'ai un si bon cœur...

...que je te la donne.

clap! clap! clap! clap! clap!
Roques & Dormal

## Papa

Les épaulettes de ton veston, c'est des prothèses, papa.
Pourquoi dis-tu ça ?
Les hommes portent ces prothèses parce qu'ils veulent ressembler à des bibliothèques.
Des bibliothèques ?
Pour faire costaud et intello à la fois.
Et tes talons, ce ne sont pas des prothèses ?
Si, mais c'est aussi pour les hommes.
Comme ça ils se penchent moins pour m'embrasser.
Roques & Dormal

## L'innocence

"... pour moi, l'enfant, c'est l'innocence même"...
Je suis innocent de quoi ?
De rien et de tout. Ça veut surtout dire que l'enfant n'a pas encore eu le temps de faire du mal, tandis que l'adulte, si.
Si les enfants sont innocents, pourquoi les parents les punissent ?
Maman vient de te le dire. Les adultes ont le temps de faire du mal.
Roques & Dormal

# Suspense

Booouuuuu...

Pourquoi tu te déguises en fauteuil ?

Paque & Dormal